Casais

Histórias de amor que resistem ao tempo

PREFÁCIO DE

MARTHA MEDEIROS

EDITORA
NOVA
FRONTEIRA

Crédito das imagens
p.6: FPG INTL./Getty Images; p.8-9: ©latinstock; p.9: ©latinstock; p.10: ©latinstock; p.11: Hulton Archive/Getty Images; p.12: ©latinstock; Pintura na p.15: ©latinstock; Foto da p.15: ©latinstock; p.17: ©latinstock; p.18: ©latinstock; p.20: ©latinstock; p.21: Hulton Archive/Getty Images; p.22: Time Life Pictures/Getty Images; p.24: Hulton Archive/Getty Images; p.27: Hulton Archive/Getty Images; p.28: ©latinstock; p.29: Jacques Louis David/Bridgeman/Getty Images; p.30: Direitos AbaFilm e Sociedade do Cangaço, Foto: B. Abrahão; p.32: Direitos AbaFilm e Sociedade do Cangaço, Foto: B. Abrahão; p.34: Direitos AbaFilm e Sociedade do Cangaço, Foto: B. Abrahão; p.35: Direitos AbaFilm e Sociedade do Cangaço, Foto: B. Abrahão; p.36: Acervo Iconographia; p.39: Pacheco & Filho; p.40: Insley Pacheco; p.42: Acervo Iconographia; p.43: ©Romulo Fialdini; p.45: ©Romulo Fialdini; p.46: ©Romulo Fialdini; p.48: Hulton Archive/Getty Images; p.49: ©latinstock; p.50: ©Salvador Dalí, Fondation Gala-Salvador Dalí, licenciado por AUTVIS, Brasil, 2006; p.52: Time Life Pictures/Getty Images; p.53: ©latinstock; p.54: Luciana Whitaker/Folha Imagem; p.56: Acervo Iconographia; p.59: Roberto Valverde/Editora Abril; p.60: Hulton Archive/Getty Images; p.61: ©latinstock; p.64: ©latinstock

EDITORA NOVA FRONTEIRA S.A.
Rua Bambina, 25 – Botafogo – 22251-050
Rio de Janeiro – RJ – Brasil
Tel.: (21) 2131-1111 – Fax: (21) 2286-6755
http://www.novafronteira.com.br
e-mail: sac@novafronteira.com.br

Pesquisa de texto e imagens, criação de textos e coordenação editorial: *Atelier Vila das Artes*
Projeto gráfico e diagramação: *Adriana Moreno*
Edição: *Luciano Trigo e Jancy Medeiros*
Revisão: *Ana Julia Cury*
Produção gráfica: *Ligia Barreto Gonçalves*

CIP-Brasil. Catalogação-na-fonte
Sindicato Nacional dos Editores de Livros, RJ

C33 Casais: histórias de amor que resistem ao tempo / prefácio de Martha Medeiros. – Rio de Janeiro : Nova Fronteira, 2006
ISBN 85-209-1941-3

1. Relações homem-mulher – História. 2. Casais – Biografia. I. Medeiros, Martha.

CDD 306.87
CDU 392.61

Sumário

Prefácio Um casal é 1 + 1 → 4

1 Adão e Eva → 8

2 Cleópatra e Marco Antônio → 14

3 Romeu e Julieta → 20

4 Napoleão Bonaparte e Josefina → 26

5 Lampião e Maria Bonita → 32

6 Machado de Assis e Carolina Novais → 38

7 Oswald de Andrade e Tarsila do Amaral → 44

8 Salvador Dalí e Gala → 50

9 Jorge Amado e Zélia Gattai → 56

10 John Lennon e Yoko Ono → 62

Um casal é 1+1

Martha Medeiros

A porta se abre. Ela entra primeiro, e ele logo atrás. Alinham-se e continuam a caminhada festa adentro, acabaram de chegar. Quem são eles? Um casal, apenas. E não importa que haja uma infinitude de casais formados no planeta: sempre que estamos diante de um, algum magnetismo ele nos provoca.

Um casal nunca é uma unidade, por mais que se tenha tentado difundir a idéia absurda de "dois em um". Esta teoria serve para aparelhos eletrônicos, não para seres humanos. Um casal é formado por duas individualidades que, num determinado momento, cruzaram seus olhares e a partir disso potencializaram suas vidas. Uma das minhas distrações prediletas é observar um casal na fila do cinema ou namorando na beira da praia e pensar: em que circunstância um interceptou o caminho do outro? Talvez tenham sentado lado a lado num avião, talvez tenham se cruzado dentro de um hospital, quem sabe até se odiaram à primeira vista. Quem terá dado o primeiro passo para iniciar uma relação que selou seus destinos?

Este livro que você tem nas mãos conta um pouco sobre os bastidores amorosos de casais notórios. Lampião, o cangaceiro vingativo e violento, era também romântico a ponto de ter casado com Maria Bonita, primeira mulher a marcar presença no interior do sertão. Salvador Dalí, o gênio do surrealismo, inverteu a ordem natural das coisas: enquanto na Espanha era costume as esposas assinarem seus nomes como se elas fossem propriedade dos maridos (esperava-se que Gala assinasse "Gala de Dalí"), ele é que passou a assinar "Dalí de Gala".

Jorge Amado foi aconselhado por um amigo a não se aproximar de Zélia Gattai porque "não era mulher pro bico dele", e ainda bem que homens apaixonados não escutam ninguém. Yoko Ono é acusada até hoje de ter sido o pivô do fim dos Beatles, mas a verdade é que ela e o finado Lennon seguem sendo um dos casais mais emblemáticos do século 20. Napoleão só pensava em guerra? Que nada, era em Josefina que sua cabeça estava o tempo todo, mesmo quando ele batia ponto nos campos de batalha. O que estes artistas, imperadores, heróis, mártires e justiceiros têm a ver com o resto da humanidade? Sabiam que a solidão não soma, apenas subtrai.

Um casal é 1 + 1. Uma tímida com um extrovertido. Um esportista com uma intelectual. Uma sonolenta com um boêmio. Um duro com uma ricaça. São muitos homens e mulheres (e demais arranjos) com bem mais diferenças do que afinidades: almas gêmeas é coisa que não existe, lamento informar. As combinações são sempre bombásticas e efervescentes, pelo simples fato de que ninguém nasceu para ninguém, apenas temos a sorte de vivenciar um encontro que muda o rumo da nossa história. Todo casal é transgressor, todo amor margeia o impossível. Por mais que as revistas tentem dar dicas de sobrevivência conjugal e sinalizem sobre como deve ser um casamento perfeito, a verdade é que cada dupla estabelece suas próprias regras e ninguém consegue catalogá-las: todos os casamentos estão fora dos padrões. Nada é mais exclusivo e dinâmico que um casal. A não ser que já não seja um casal, que os dois tenham se transformado em 1 - 1.

Este livro relembra *affairs* que se tornaram romances célebres e marcaram época. Numa análise ligeira, parece uma seleção de poucos eleitos que viveram o idílio de uma paixão inesgotável. Mas vamos ser justos: não há entre nós, simples mortais, quem não tenha vivido também uma bela história pra contar.

e tiers chapittre contient le cas de neb
premier fondeur de babilonie

Adão e Eva

A história de Adão e Eva tem muitas versões. Algumas dizem que Eva não teria sido a primeira mulher de Adão, e sim Lilith, a *Lua Negra*. Outras versões colocam Adão como um ser andrógino, antes da criação de Eva. Difícil estabelecer um consenso. O fato é que, desde que o mundo é mundo, existem muitas dúvidas e questionamentos sobre a origem de Adão e Eva, o primeiro casal da humanidade segundo a crença judaico-cristã.

No Velho Testamento, no livro de Gênesis, é descrita não só a criação do mundo, como também a do homem. Deus disse: “Façamos o homem à nossa imagem e semelhança.” Em seguida, numa outra passagem do mesmo livro, lemos que no sexto dia da criação do mundo “Deus criou o homem à sua imagem; criou-o à imagem de Deus, criou o homem e a mulher”. Esta passagem gera polêmicas, pois só mais adiante, depois do mundo criado, é que vamos encontrar um Adão solitário, sentindo falta de

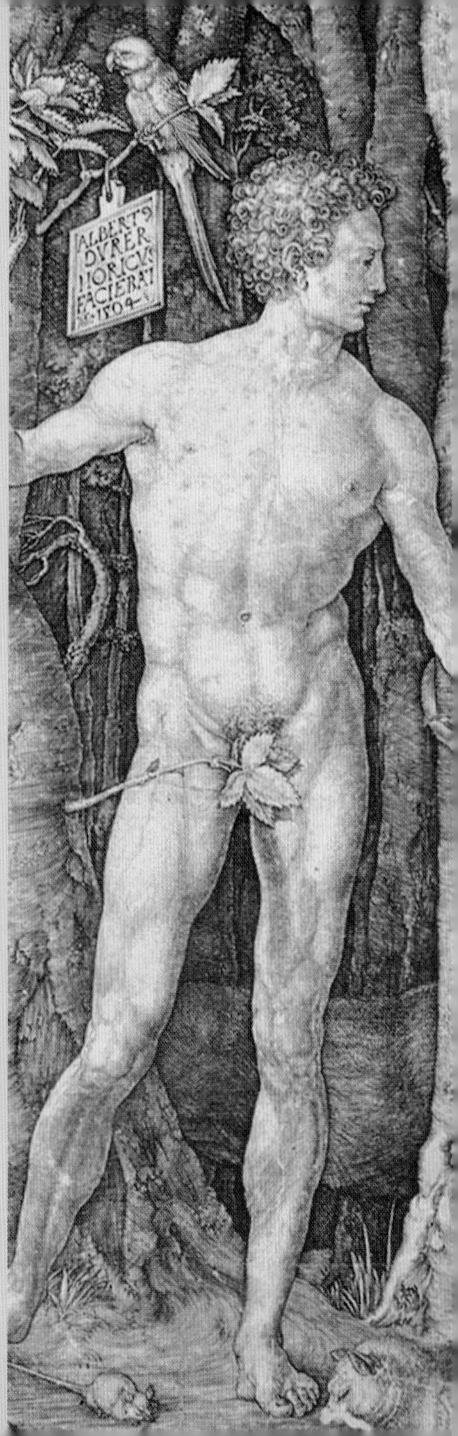

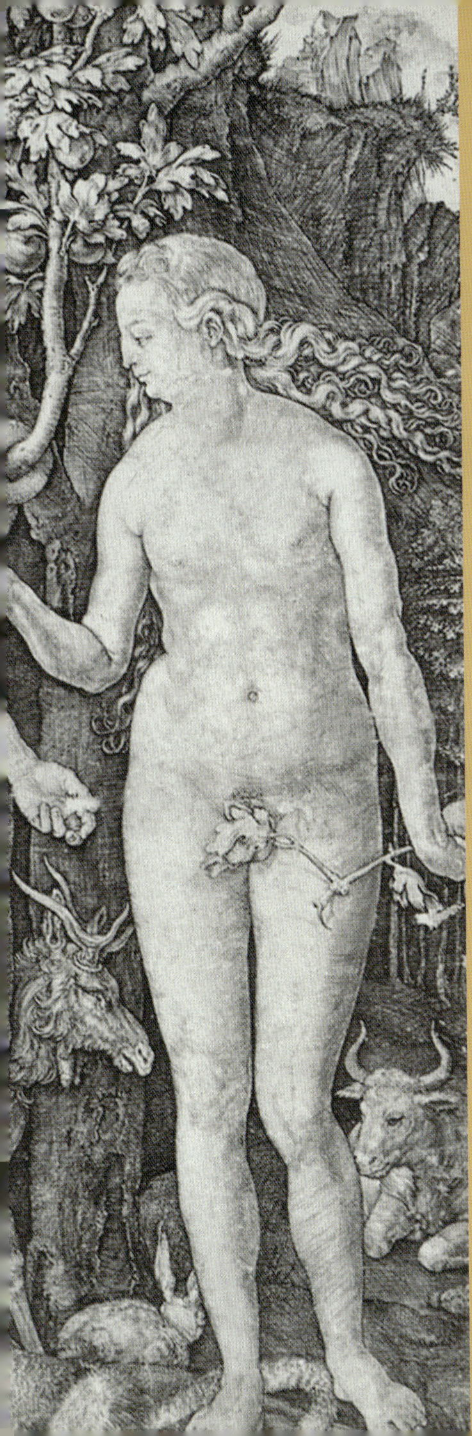

uma companhia que não apenas a dos animais, uma vez que estes não falavam e não assumiam a posição ereta, a posição de dignidade do ser humano.

Deus achou então que Adão precisava de uma ajuda e fez com que este caísse em sono profundo. "Enquanto Adão dormia, tomou-lhe uma costela e fechou com carne o seu lugar." E da costela de Adão, Deus criou a mulher, bem como criou o homem a partir do barro da terra, inspirando-lhe um sopro de vida. Adão chamou a mulher de Eva: a doadora de vida, a mãe de todos os seres humanos.

Adão diz: "Eis o osso de meus ossos e a carne de minha carne; ela se chamará mulher porque foi tomada do homem." A mulher, do modo como Deus a criou, corresponde à outra metade do ser humano, e ambos, homem e mulher, completam um ao outro. Será por isso que sempre os seres humanos estão em busca dessa metade perdida? Porque antes eram apenas um, e deste um se tornaram dois?

Deus poderia ter criado a mulher na mesma época em que criou o homem, mas Ele tinha um propósito para tal demora: o casamento, como instituição divina, era um compromisso eterno, no qual homem e mulher se tornavam um só. Dessa forma, o homem precisava viver um tempo sozinho, antes de assumir a responsabilidade de ter uma esposa.

Quando Eva, enganada pela serpente (a própria encarnação do mal), come o fruto proibido e o oferece a Adão, há uma ruptura naquela relação harmoniosa, pois eles passam a conhecer o bem e o mal. Pela primeira vez, o casal que vivia em perfeita paz, que não conhecia a maldade, se sente envergonhado por estar nu. Adão e Eva são então expulsos do Paraíso, para que aprendam a cultivar a terra, a conviver com as dificuldades de um ser humano e lidar com os mais variados sentimentos: amor e ódio, pureza e maldade, tristezas e alegrias.

Será esta a história que, ainda hoje, inspira os casais em busca de uma união eterna? Em busca daquilo que uns chamam de cara-metade e outros de alma gêmea?

Cleópatra e Marco Antônio

Poucas histórias são mais fascinantes que a de Cleópatra, a rainha do Antigo Egito. Filha de Ptolomeu XII com sua irmã, subiu ao trono aos 17 anos, após a morte do pai. Para garantir o futuro da dinastia, casou, em dois momentos distintos, com seus irmãos. Cleópatra sempre governou com um homem ao seu lado, mas seus companheiros eram reis apenas expositivamente, pois quem reinava de fato era ela. Ousada e astuta, aprendeu diversos idiomas, sendo a primeira governante helênica a falar o idioma egípcio — ao contrário de seus antepassados, que só falavam o grego.

A literatura e o cinema tentaram retratar Cleópatra inúmeras vezes. Mas seria a rainha tão encantadora quanto Elizabeth Taylor, Sophia Loren e Vivien Leigh, suas intérpretes nas telas? Quando pensamos em Cleópatra, imaginamos logo uma mulher belíssima, sedutora, cheia de mistérios. De fato ela era dotada de encantos variados, mas talvez não o da beleza. Há indícios de que tinha um longo nariz, em forma de bico de gavião, e não media mais do que 1,50m de altura. Muitos pesquisadores afirmam que essa imagem de uma mulher linda e sensual não passa de um mito. Já o teatro a eternizou na peça *Antônio e Cleópatra,* de William Shakespeare. Uma trágica história de amor, emocionante e envolvente como tudo que escreveu o dramaturgo inglês.

Cleópatra seduziu os famosos generais romanos Júlio César e Marco Antônio. Extremamente inteligente, sabia usar muito bem o poder que detinha. Num plano audacioso e arriscado, enviou a si própria, embrulhada dentro de um tapete, como presente a Júlio César.

Tornaram-se amantes e tiveram um filho, mas Júlio César não o reconheceu como tal. Este nascimento foi justificado, junto aos egípcios, como fruto da união entre César-Amon e Cleópatra-Ísis, cercando o acontecimento de uma aura divina que encobrisse a união ilegítima, já que ambos eram casados.

Estimulada pela ambição que lhe era característica, a rainha seduziu Marco Antônio, um homem com hábitos vulgares, beberrão e mulherengo, mas de grande interesse político para a rainha.

Ao saber dos vícios do pretendente, Cleópatra preparou um magnífico banquete em seu navio para recebê-lo. Seduziu-o, e os dois se tornaram amantes, vivendo um dos relacionamentos mais avassaladores da História da humanidade.

Para muitos, Cleópatra se uniu a Marco Antônio por interesses políticos, mas não há dúvida de que ele se entregou de corpo e alma à rainha do Egito. Durante o período em que estiveram em Alexandria, ela teve dois filhos, e ele lhe devolveu territórios que estavam sob domínio do Império Romano. A atitude de Marco Antônio — de se deixar dominar cada vez mais pelo poder de sedução da rainha — incomodou de tal forma o Senado Romano, que este declarou guerra a ambos.

As ações dessas duas personagens históricas costumam ser atribuídas à paixão que os unia. Mas não há como negar que eles precisavam um do outro para tocar seus projetos particulares – até o último e definitivo deles. Após serem derrotados por Otávio na batalha naval de Actium, Cleópatra e Marco Antônio cometeram suicídio. Marco Antônio com sua espada. E Cleópatra, feita prisioneira em seu próprio palácio em Alexandria, conseguiu se desvencilhar dos guardas, colocou suas vestes reais, combinando símbolos egípcios e macedônios, e se deixou morder por uma serpente venenosa.

Romeu e Julieta

Não há quem não conheça Romeu e Julieta, personagens de uma das mais famosas histórias de amor do Ocidente, escrita pelo dramaturgo inglês William Shakespeare por volta de 1595. A história se passa na cidade italiana de Verona e narra o amor proibido entre dois jovens devido à rivalidade de suas nobres famílias: os Montecchio e os Capuleto.

Um dia, os dois se conheceram no baile de máscaras na casa dos Capuleto sem nem saber que suas famílias eram inimigas. Romeu e seus amigos, Benvólio e Mercúcio, foram ao baile. Tão logo viu Julieta, Romeu ficou petrificado diante de tanta beleza e caiu de amores pela moça.

Quando Romeu descobriu que a linda jovem por quem ele tinha acabado de se apaixonar perdidamente era Julieta, percebeu a dimensão da tragédia: tinha entregado seu coração a uma inimiga! E Julieta logo descobriu que o belo cavaleiro que havia roubado seu coração era um

Montecchio, quem ela devia odiar. Mas como odiar quando o amor falava mais alto? Impossível.

Naquela mesma noite, Romeu retornou à casa de Julieta e se escondeu no jardim até que a jovem apareceu na sacada. Romeu foi ao seu encontro e eles trocaram juras de amor eterno. Depois Romeu procurou Frei Lourenço para pedir ajuda. O frei resolveu casar os dois secretamente, na

tentativa de unir as famílias. Mas as coisas não saíram como planejadas. Quando voltava para casa, Romeu se envolveu numa briga em que Teobaldo, primo de Julieta, matou Mercúcio. Para vingar a morte do amigo, Romeu matou Teobaldo. Como castigo, foi banido de Verona. Julieta, por sua vez, foi forçada a se casar com o conde Páris.

Desesperada, Julieta recorreu a Frei Lourenço, que lhe deu uma poção para fazê-la passar por morta por dois dias. Ela seria enterrada e Romeu iria resgatá-la. O frei enviou um mensageiro para contar o plano ao jovem, mas houve um desencontro e Romeu recebeu apenas a notícia da morte de sua amada. Quando Romeu chegou ao túmulo da família de Julieta, viu o conde Páris chorando por quem seria sua futura esposa. Os dois brigaram e Romeu o matou. Em seguida, entrou no túmulo e viu Julieta "morta". Romeu beijou os lábios da amada e bebeu um veneno mortal. Instantes depois, Julieta acordou e viu que seu amor jazia morto.

Beijou seus lábios ainda quentes, pegou uma adaga e tirou sua própria vida.

Este casal ficou tão famoso que saiu das páginas da ficção para a realidade. Hoje em dia, há quem pense que Romeu e Julieta existiram de fato. Curioso é pensar que, se comparado aos padrões atuais, este casal era bem jovem para morrer de amor de forma tão trágica. Segundo contam alguns pesquisadores, Julieta poderia ter entre 13 e 16 anos.

Mas será que Shakespeare se baseou em histórias reais para criar este jovem casal apaixonado? Poderíamos dizer que sim. Acontece que, ao contrário do que se pensa, a trama de Romeu e Julieta não foi inventada por Shakespeare. Dizem que suas origens estão na obra *Il Novellino*, de Masuccio Salernitano, que depois foi adaptada por Luigi da Porto. Inspirado em Luigi da Porto, Matteo Bandello criou uma versão teatral. Mas ao que parece, Shakespeare se inspirou no poema de Arthur Brooke, que nada mais era do que uma tradução da obra de Bandello com alguns novos elementos. De qualquer forma, já havia diversas histórias de amor impossível, em diferentes culturas, tais como as do escritor Chikamatsu Monzaemon, que escrevia para o teatro de bonecos japonês, bem como as de Tristão e Isolda e Pyramus e Thisbe.

O fato é que, original ou não, o jovem casal de Shakespeare entrou para a História e para o imaginário popular como uma das mais belas narrativas de amor romântico. Sem dúvida alguma, foi a obra de Shakespeare que chegou até nossos dias inspirando o maior número de adaptações. Teve cerca de quarenta para o cinema, além de incontáveis montagens teatrais, musicais, balé, ópera e até mesmo música instrumental. Uma história e tanto!

Napoleão Bonaparte e Josefina

Napoleão Bonaparte nasceu na ilha de Córsega, território italiano. Sua família pertencia a uma aristocracia decadente. Aos dez anos, foi para a França estudar na Escola Militar. É curioso pensar que um homem que não pertencia à nobreza acabou se tornando o grande imperador dos franceses. Dizem que isso se deveu à sua grande determinação: "Sempre fui capaz de impor minha vontade sobre o destino." Palavras de Napoleão.

Marie-Joseph-Rose Tascher de La Pagerie, a futura imperatriz Josefina (assim denominada por Napoleão) casou-se aos 16 anos, teve dois filhos e se separou após ser acusada de infidelidade. Segundo ela, injustamente. Era uma *créole* rechonchuda, de bochechas salientes e sem os encantos das belas damas. Com o tempo, se tornou elegante, ganhou modos e aparência sofisticados. Foi quando começou a ter diversos amantes e conquistou poder e influência na alta sociedade francesa.

Napoleão era um homem sem grandes atrativos. Usava uniforme descuidado, cabelo comprido e despenteado, era baixo e tinha sérios problemas de escabiose. Foi apresentado a Josefina pelo general Paul Barras, de quem ela era amante na época. À primeira vista, Josefina não se interessou por Napoleão, que desejou casar-se com ela por pensar que era rica. Ela não aceitou de imediato, mas também não o descartou. Foi amável e lhe enviou uma de suas cartas sedutoras, tal como costumava fazer com seus amantes. Após muito insistir, Napoleão conseguiu que ela aceitasse seu pedido.

A cerimônia do casamento foi bem singular. O noivo atrasou três horas. O motivo, ninguém sabe ao certo. Dizem que estava adulterando sua certidão de nascimento para parecer mais velho. Josefina também alterou sua idade, diminuindo-a em quatro anos. Já a noite de núpcias foi memorável. Os recém-casados estavam tendo relações sexuais

quando Napoleão deu um grito. Acreditando que sua dona estava sendo atacada, a cachorrinha de Josefina mordeu a perna do futuro imperador.

A imprensa satirizou o casamento: "O jovem herói casou-se com uma jovial viúva de 42 anos, que não chega a parecer de todo feia na medida em que ainda lhe resta um dente na linda boquinha."

Napoleão interpretava o amor como um sentimento social, mas Josefina conseguiu transformá-lo: "Não se passa um dia sem que eu a ame, nem uma noite sem que a prenda em meus braços. Amaldiçôo a glória e a ambição que me afastam da alma de minha vida. Em meio ao trabalho, à frente de minhas tropas, minha adorável Josefina está sozinha em meu coração, absorve todos os meus pensamentos. Não peço amor eterno, nem fidelidade, apenas autenticidade, franqueza sem limites." Ele sempre enviava cartas apaixonadas expressando seus desejos pela esposa: "Um beijo no teu coração e depois outro um pouco mais embaixo, muito, muito **mais embaixo**."

Napoleão se tornou o imperador dos franceses em uma luxuosa cerimônia. O Papa Pio VII foi levado para a coroação. Num ímpeto, Napoleão tomou a coroa do pontífice, coroou a si próprio e fez o mesmo com sua esposa.

Só que, diante de tanto poder, sua família começou a pressioná-lo para se separar de Josefina, pois diziam que ela não tinha boa reputação e não havia lhe dado um herdeiro, o que politicamente era muito prejudicial. Este não era o desejo de Napoleão. Porém, sentindo-se muito pressionado e acuado, começou a ter muitas amantes na tentativa de engravidar uma delas e provar que não era estéril, como muitos pensavam.

Depois de tanto adiar a decisão, o imperador se separou pedindo a Josefina que fosse "forte". Depois se casou com uma mulher da nobreza, que lhe deu o tão esperado herdeiro. Ironicamente, o período napoleônico iniciou sua derrocada logo após o fim do casamento.

Napoleão visitou a casa da ex-esposa após sua morte em 1814. Saiu de seus aposentos com lágrimas nos olhos. Em abril de 1821, já exilado e bastante adoentado, teve uma visão de Josefina antes do amanhecer. No seu delírio, ouviu-a dizer que eles logo se veriam, para nunca mais se separarem. Faleceu uma semana depois.

Lampião e Maria Bonita

Lampião e Maria Bonita formaram o casal mais famoso do cangaço brasileiro, um mundo geralmente composto apenas por homens — bandidos do sertão nordestino — que andavam fortemente armados e estavam sempre prontos para o combate com o inimigo.

Virgulino Ferreira da Silva, mais conhecido como Lampião, nasceu em 4 de junho de 1898, em Serra Talhada (antiga Vila Bela), Pernambuco, terceiro dos nove filhos de José Ferreira da Silva e Maria Lopes. Por conta de um acidente com uma enxada, ficou quase cego do olho direito. Seu pai foi barbaramente assassinado por um comandante da polícia, José Lucena, e por não confiar na ação da Justiça, Virgulino resolveu fazê-la com as próprias mãos, passando a integrar o cangaço com sede de vingança. Então em 1920, o mesmo ano da morte de seus pais, ele passou a integrar o bando do Sinhô Pereira, sendo chefiado pelo mesmo por dois anos.

Mas Lampião era um homem religioso e romântico, além de ser sanfoneiro e compositor. Já era um famoso fora-da-lei no Nordeste quando conheceu Maria Gomes de Oliveira, alguns anos mais nova. Ela já tinha sido casada, mas voltara a morar na fazenda com os pais, quando Lampião esteve lá pela segunda vez. Foi sua mãe que contou ao cangaceiro a admiração de sua filha por ele. Lampião e Maria se apaixonaram e no final de 1929 começaram a namorar. (Aproximadamente um ano depois, Maria decidiu acompanhar Lampião no cangaço.) No início, os dois começaram a se encontrar em segredo, com a conivência dos pais dela.

Tudo tinha que ser secreto, porque naquela época ainda era proibida a entrada da mulher no cangaço. O próprio Lampião tinha dito: "Um cangaceiro não pode amar ninguém. As mulheres atrapalham sempre; elas são lentas, andam devagar quando começam a ter barriga... meu Deus! é o sinal de que um bebê chora, é uma boa pista para os "macacos" dos volantes. Meu padrinho Cícero me aconselhou a não me deixar acompanhar pelas mulheres..."

Não foi fácil para Lampião ficar longe de Maria, mas ele temia correr o risco de parecer frágil e vulnerável perante os cangaceiros que o admiravam e o respeitavam, caso se entregasse à paixão. Apesar de tudo, em 1930, Lampião buscou Maria e a levou para o sertão. Estava não apenas mudando sua vida, mas também redefinindo o próprio cangaço.

É interessante que Maria lutou para ficar ao lado de seu companheiro no mesmo momento em que as mulheres lutavam pela igualdade de direitos em quase todo o mundo. Como também foi nessa época que as primeiras manifestações do movimento feminista chegaram ao Brasil, e na década de 1930 as mulheres conquistaram o direito ao voto. Depois de Maria, outras mulheres passaram a integrar o cangaço, lutando ao lado de seus companheiros como verdadeiras guerreiras.

Maria Gomes de Oliveira recebeu o apelido de Maria Bonita por um soldado da volante. No bando, era chamada de Maria ou Maria do Capitão.

O papel das mulheres no cangaço era apenas de companheiras; elas não participavam dos combates. A única exceção foi a cangaceira Dadá, que pegou em arma pesada para defender seu esposo Corisco, que havia sido atingido, ficando com os braços inutilizados. Todas as cangaceiras portavam revólver para sua proteção.

Depois de várias tentativas, Lampião e Maria Bonita só tiveram uma única filha que sobreviveu ao parto, Expedita. Ela nasceu em 1932, no município de Porta da Folha, Sergipe. Mas como era impossível criar filhos no cangaço, a menina ficou com os pais por apenas 21 dias e depois foi entregue a um casal de vaqueiros, que já tinha 11 filhos. Expedita ficou com esse casal até os oito anos de idade, quando foi para a companhia do tio João Ferreira, único irmão de Lampião que não havia entrado no cangaço. Rumo à residência desse casal, com a filha recém-nascida no colo, Maria se esforçava por alcançar o grupo de cangaceiros, mas não conseguia acompanhar o ritmo. A filha começou a chorar e Lampião gritou, impaciente, que ela devia se livrar da criança. Maria Bonita, que tinha um gênio forte, ficou tão zangada que quebrou uma cabaça de água na cabeça dele. Segundo alguns cangaceiros, Lampião costumava ficar em silêncio quando Maria o repreendia.

Em 1938, Lampião e alguns de seus companheiros foram surpreendidos na grota de Angico, município de Poço Redondo, no interior de Sergipe, às margens do rio São Francisco, pelos volantes comandados por João Bezerra. Onze foram mortos, entre eles Lampião e Maria Bonita, e tiveram suas cabeças decapitadas. As cabeças de Lampião e Maria

Bonita, do cangaceiro Corisco (que foi morto em 1940) e seus companheiros ficaram por quase 30 anos expostas ao público no Museu Nina Rodrigues, em Salvador. Somente em 1969, as cabeças foram retiradas do museu e enterradas. Foi assim que o casal mais famoso do cangaço brasileiro morreu. Entretanto, suas histórias continuam vivas até hoje no imaginário popular, principalmente na literatura de cordel.

Machado de Assis e Carolina Novais

Romancista, cronista, contista, poeta e teatrólogo, Joaquim Maria Machado de Assis foi também um dos fundadores e o primeiro presidente da Academia Brasileira de Letras. O maior escritor da literatura brasileira de todos os tempos ficou famoso por sua intensa produção literária, mas muitos ainda desconhecem a bela e longa história de amor que viveu com sua esposa Carolina Novais.

Machado nasceu no Morro do Livramento, numa família pobre. Cedo perdeu a mãe, e pouco se sabe de sua infância e início da adolescência. Até que o pai se casasse novamente, foi amparado pela madrinha. Já adulto e reconhecido como escritor, quando conheceu a portuguesa Carolina Augusta Xavier de Novais, cinco anos mais velha e irmã do poeta Faustino Xavier de Novais, foi amor à primeira vista. A família da moça demorou a consentir o casamento, por preconceito contra a origem mestiça do rapaz. Sendo assim, tiveram que se contentar com um namoro à distância, trocando cartas e versos. "Tu não te pareces com as mulheres vulgares que tenho conhecido. Espírito e coração como os teus são prendas raras (...) Como te não amaria eu?" Por fim, conseguiram se casar, dando início a uma sólida relação.

Carolina, que era uma mulher culta, apresentou os clássicos portugueses e vários autores da língua inglesa a Machado. Inspiradora e incentivadora incansável do trabalho do marido, atuou como sua secretária e colaboradora. Dizem que Machado lia para a esposa capítulo por capítulo de seus romances. Muitas vezes, a própria Carolina escolhia os nomes dos personagens e até intercedia no destino de alguns.

O casal viveu alguns anos na Lapa e um tempo no Catete antes de se mudar para a famosa casa da rua Cosme Velho 18, onde ficaram até o fim de seus dias. Tinham uma rotina tranqüila: Carolina cuidava da casa com esmero, dando estabilidade e serenidade para que

274. R. 28
PACHECO & FILHO.
Rua do Ouvidor 102.
RIO DE JANEI

J Insley Pacheco
274.R.2

Machado pudesse trabalhar em paz. Não tiveram filhos, fato que parece ter sido uma dor secreta para Carolina. Mas ambos acharam consolo para este vazio em uma cachorrinha de nome Graziela, que os acompanhou por muitos anos e que foi enterrada no jardim da casa em uma sepultura cercada de rosas.

A morte de Carolina, em 1904, pouco antes de completarem 35 anos de casados, foi um golpe terrível para o escritor. Jantava sozinho, mas exigia que servissem dois pratos à mesa. Contam que ele guardou o último pedaço de sabonete usado por Carolina e conservou a arrumação de sua penteadeira. Mas, depois da morte da esposa, era como se não vivesse mais. "Foi-se a melhor parte da minha vida, e aqui estou só no mundo(...) Aqui me fico, por ora, na mesma casa, no mesmo aposento, com os mesmos adornos seus. Tudo me lembra a minha meiga Carolina. Como estou à beira do eterno aposento, não gastarei tempo em recordá-la. Irei vê-la, ela me esperará."

Sozinho no mundo, sem filhos ou parentes, não resistiu à perda da companheira de tantos anos. Em 29 de setembro de 1908, faleceu em sua casa e foi enterrado, segundo sua determinação, junto de Carolina. Machado eternizou sua amada no famoso soneto *Carolina*, cujos primeiros versos são:

Querida, ao pé do leito
derradeiro
Em que descansas dessa longa
vida,
Aqui venho e virei, pobre
querida,
Trazer-te o coração do
companheiro.

Oswald de Andrade e Tarsila do Amaral

Não foi uma paixão de juventude. Quando se conheceram, Oswald de Andrade e Tarsila do Amaral estavam com mais de 30 anos e já tinham filhos de outros casamentos. Nenhum outro escritor do modernismo ficou mais conhecido pelo espírito irreverente do que Oswald. Sua atuação intelectual é considerada fundamental para a cultura brasileira do início do século. Quanto a Tarsila, mesmo sem ter participado da Semana de Arte Moderna, tornou-se uma espécie de "primeira-dama" do modernismo brasileiro, em cuja trajetória desempenhou um papel de grande importância, descobrindo e resgatando raízes nacionais.

Em 1914, aos 24 anos, o paulistano Oswald, um dos pais do modernismo brasileiro, teve seu primeiro filho – o "Nonê" – com uma estudante francesa, Kamiá. Três anos depois, passou a viver com Maria de Lourdes Olzani, conheceu o escritor Mário de Andrade e defendeu a pintora Anita Malfatti de uma crítica devastadora à sua obra. Ao lado destes e de outros intelectuais, organizou a Semana de Arte Moderna de 1922, que reuniu artistas brasileiros preocupados com a criação de uma identidade nacional mais autêntica, ligada às verdadeiras raízes e, ao mesmo tempo, capaz de "devorar" a cultura estrangeira e recriá-la.

A pintora Tarsila do Amaral, quatro anos mais velha, passou a infância e a adolescência nas fazendas de sua família, no interior de São Paulo. Aos vinte anos, casou-se com André Teixeira Pinto e teve sua única filha, Dulce. Ainda na juventude, estudou escultura, desenho e pintura. Em 1916, se separou de André. Quatro anos depois embarcou para a Europa, onde travou contato com a arte européia, então em plena ebulição.

Em junho de 1922, Tarsila voltou para São Paulo, onde foi apresentada aos artistas e escritores modernistas. Conheceu Oswald, e sua relação com ele logo se transformou em algo mais que

amizade. Tarsila, Oswald, Menotti del Picchia, Mário de Andrade e Anita Malfatti formaram o chamado Grupo dos Cinco, o mais ativo na militância modernista, que viria a se dissolver com a ida de Tarsila e Oswald para Paris, no final deste mesmo ano.

Oswald era um homem impetuoso, apaixonado, ousado. Teve com Tarsila mais que um casamento. Fizeram uma parceria intelectual em que um alimentava a arte do outro. Oswald e Tarsila se tornaram o casal mais importante das artes brasileiras e foram carinhosamente apelidados por Mário de Andrade de *Tarsiwald*. O auge do relacionamento se deu em 1926, quando viajaram por toda a Europa Ocidental, além de passar por Turquia, Israel e Egito. Durante a viagem, foram recebidos em audiência pelo Papa, a fim de tentarem a anulação do casamento de Tarsila. Em agosto deste mesmo ano, Oswald e Tarsila voltaram para o Brasil e se casaram oficialmente em 30 de outubro.

Em janeiro de 1928, Tarsila pintou o quadro *Abaporu* para dar de presente a Oswald. O título da obra significa “homem que come”. Inspirados pelo quadro, Oswald e seu amigo, o escritor Raul Bopp, deram início ao Movimento Antropofágico.

O ano de 1929 trouxe dois grandes problemas para a vida do casal *Tarsiwald*. Com o *crack* da bolsa de valores de Nova York, eles perderam a Fazenda Santa Tereza do Alto e tiveram que mudar radicalmente o estilo de vida. Terminava, assim, a época das viagens, do luxo e do frenesi dos anos 1920. O segundo e definitivo abalo foi causado pelo aparecimento da jovem Patrícia Galvão, a Pagu, por quem Oswald se apaixonou perdidamente. O relacionamento com Pagu intensificou a atividade política de Oswald, que passou a militar no Partido Comunista Brasileiro (PCB). Do casamento com a jovem, nasceu Rudá, seu segundo filho.

Confirmando a fama de mulherengo e conquistador, depois de se separar de Pagu, Oswald casou-se com a poetisa Julieta Bárbara. Em 1944, mais um casamento, agora com Maria Antonieta D'Aikmin, com quem permaneceu junto até a morte, em 1954. Quanto à Tarsila, casou-se pela terceira vez, com o escritor Luís Martins, ao lado de quem permaneceu por quase vinte anos.

Se a história de amor de Oswald e Tarsila não terminou com um "final feliz", ninguém pode afirmar ao certo. Afinal, será que o amor romântico e eterno fazia parte das aspirações modernistas?

Salvador Dalí e Gala

Salvador Dalí i Domènech, ou apenas Salvador Dalí, nasceu em 1904 em Figueres, Espanha. Desde jovem se dedicou à pintura, e em 1922 foi estudar na Escola de Belas Artes de San Fernando, em Madri. Dalí tinha paixão por fazer coisas extravagantes e já chamava a atenção por seu comportamento excêntrico, sempre usando cabelo comprido e suíças, casacos, meias e calças de montar, num estilo que era moda um século antes.

Helena Dimitrievna Diakomonova, ou apenas Gala, nasceu na Rússia em 1893. Aos 20 anos teve tuberculose e foi enviada por sua família para se tratar em um sanatório na Suíça. Foi lá que Gala conheceu o poeta francês Paul Éluard, com o qual se casou. Cercada por intelectuais e artistas, Gala logo passou a fazer parte do efervescente movimento surrealista em Paris.

Em 1926, ao declarar que ninguém era competente o bastante para avaliá-lo, Dalí foi expulso da Escola de Belas Artes. Em seguida se mudou para Paris e passou a integrar o grupo de escritores e pintores surrealistas. É deste período que datam algumas de suas mais célebres obras, que o converteram em um dos máximos representantes do surrealismo.

No verão de 1929, acompanhados de alguns amigos, Gala e Éluard foram visitar Dalí, que já estava de volta à Espanha. Gala e Dalí se apaixonaram assim que se conheceram. Gala decidiu deixar seu marido para viver com o pintor espanhol e Dalí narrou o início desse amor: "No dia seguinte eu fui buscar Gala e nós fomos passear nos rochedos de Cayals(...) '*Meu menino,*' disse ela, '*nós não nos separaremos mais.*' Ela seria minha Gradiva, minha vitória, minha mulher. Mas para isso eu precisava me curar. E ela me curou, graças à força indomável e insondável de seu amor, com uma profundidade de pensamento e destreza prática que ultrapassavam os mais ambiciosos métodos psicanalíticos."

É praticamente impossível pensar em Dalí sem a presença de

Gala. Na Espanha, para mostrar que uma mulher de fato pertencia a seu marido, era costume que seu nome de solteira precedesse o do esposo. Para mostrar que pertencia realmente a Gala, Dalí inverteu os nomes para *Dalí de Gala*.

Dalí afirmou que já conhecia Gala antes mesmo de serem apresentados. Segundo ele, as costas de Gala eram iguais às da maioria das personagens femininas em suas pinturas e desenhos anteriores. Ela tornou-se sua musa inspiradora, companheira e amante. Em suas obras, foi retratada sob as mais diversas formas: de modelo nua à Virgem Maria. Dalí dizia: "Gala nua de costas é a esfinge que, em vez de me questionar, questiona por mim todos os enigmas. Gala, a mulher visível, me faz me aproximar visceralmente do conhecimento das coisas por seu amor."

Em 1934, o casal, que já vivia junto desde 1929, fez uma cerimônia civil de casamento. Na década de 1940, com a explosão da 2ª Guerra Mundial, Dalí e Gala se mudaram para os Estados Unidos, onde a obra do artista foi bastante reconhecida. Só retornaram com o fim da guerra. No final dos anos 1960, como prova de seu amor incondicional, Dalí comprou um castelo para Gala em Púbol, na Espanha. Anos mais tarde o castelo foi transformado na Casa Museu Castelo Gala-Dalí e aberto ao público em 1996. Já o Teatro-Museo Dalí, projeto de maior vulto de toda a carreira do pintor, foi inaugurado em 1974 na cidade de Figueres.

Quando Gala faleceu em 1982, Dalí perdeu muito da sua vontade de viver, ficou completamente desolado e se mudou para o castelo onde sua musa estava enterrada. Em 1984, houve um incêndio no seu quarto cuja causa jamais foi totalmente esclarecida. Dalí estava no local, mas foi salvo e levado para Figueres. Lá resolveu passar seus últimos anos, morando no Teatro-Museu Dalí, onde quis ser enterrado. O famoso pintor surrealista faleceu em 1989.

Jorge Amado

e

Zélia Gattai

O baiano Jorge Amado, autor de *Mar Morto*, *Capitães da Areia*, *Gabriela: cravo e canela*, *Dona Flor e seus dois maridos*, entre outros clássicos da literatura brasileira, era filho de um Coronel, João Amado de Faria. Graduou-se em Ciências Jurídicas e Sociais para satisfazer um sonho de seu pai, mas nunca exerceu a advocacia. Já Zélia Gattai, paulista filha de imigrantes italianos, tinha orgulho de seu pai ter sido um dos fundadores da Colônia Cecília, no Paraná, onde se tentou criar uma comunidade anarquista.

Jorge e Zélia viveram uma bela história de amor, que parecia estar escrita nas estrelas. Os dois eram desquitados e já tinham filhos quando foram apresen em 1945, durante um jantar no I Congresso Escritores. Foi amor à primeira vista. Na ocasião, Jorge disse ao escritor mineiro Paulo Mendes Campos: "Aquela ali vai ser minha mulher." Paulo riu. "Aquela qual? Zélia? Jamais, não é mulher para o teu bico. Mulher honesta, meu velho, não é dessas que andam por aí dando a uns e outros..." Jorge tentou convencer o amigo: "Não é o que você está pensando. Falo de vivermos juntos, de ela ser minha companheira, esposa, se você faz questão da palavra." Paulo retrucou: "Não perca seu tempo, desista." Mas Jorge não desistiu. "Estava me roendo de paixão, fiz o que o diabo duvida; não deu outra: em julho Zélia veio morar comigo. 'Não vai durar seis meses', agouraram; dura até hoje", relatou anos depois.

O casal estava em lua-de-mel no Uruguai quando soube que Jorge tinha sido eleito deputado pelo Partido Comunista Brasileiro. Ele não queria assumir o cargo, mas foi convencido a tomar posse e se mudou com a esposa para um sítio nos arredores da cidade do Rio de Janeiro, onde nasceu o primeiro filho do casal, João Jorge. Por seu envolvimento com o Partido Comunista, Jorge teve que se exilar em 1948. Zélia só foi encontrá-lo depois, em Paris. Mais tarde passaram a residir no Castelo dos Escritores, na Tchecoslováquia. A segunda filha, Paloma, acabou nascendo em Praga. Nessa época, além de cuidar dos filhos, Zélia passava a limpo os originais do livro do marido, *Subterrâneos da Liberdade.* Muitas vezes o acompanhava em suas viagens políticas pela Europa Central e União Soviética, região em que os livros de Jorge eram bem populares.

Retornaram ao Brasil em 1952 e, no início da década de 1960, Jorge e Zélia decidiram criar os filhos em um lugar mais tranqüilo. Como Jorge sonhava voltar a viver em Salvador, compraram uma casa na Rua Alagoinhas, bem no alto de uma ladeira, no bairro do Rio Vermelho. Segundo Zélia, a casa era "um porto seguro depois das grandes jornadas". Aliás, essa casa tem muitas histórias, começando pela procura, compra, passando pela reconstrução, a criação do jardim e dos vários recantos que marcaram a vida do casal. Casal que somente após 33 anos de vida em comum oficializou a união em uma cerimônia realizada na casa do pintor Calasans Neto, em Itapuã.

Na maioria das vezes, Zélia era a primeira leitora das obras do marido. Datilografava os livros e defendia personagens que o marido planejava "matar". Desde cedo se apaixonou pela fotografia e passou a ser a fotógrafa oficial da família. Ela também se tornou escritora e optou por assinar o nome de solteira em seus livros. Sobre esta decisão, Jorge simplesmente disse: "Para mim, nem Amado nem Gattai, apenas Zélia, quando não Zezinha." Em seus livros, Zélia conta suas memórias de forma encantadora. Estreou com *Anarquistas, graças a Deus* e, anos mais tarde, eternizou a casa onde ela e Jorge Amado moravam em *A Casa do Rio Vermelho*.

Jorge faleceu em agosto de 2001. Foi cremado e suas cinzas espalhadas ao pé de uma mangueira no quintal de sua casa. Em dezembro do mesmo ano, Zélia foi eleita para a Academia Brasileira de Letras, ocupando a cadeira que havia sido do marido.

John Lennon e Yoko Ono

Inglês de Liverpool, John Lennon teve sua infância marcada por perdas. Sua mãe foi abandonada pelo marido quando ainda estava grávida. Após o nascimento de John, Julia o entregou à sua irmã para criá-lo. Mas foi Julia, numa de suas visitas, quem ensinou os primeiros acordes musicais a John. Em outra, porém, foi atropelada, num acidente fatal.

Anos mais tarde, depois de uma adolescência marcada por dificuldades financeiras e falta de perspectivas, John Lennon finalmente conheceu o sucesso como integrante da banda que revolucionou a história do rock mundial, os Beatles. Em 1962 conheceu Cynthia Powell, com quem se casou e teve um filho, Julian. Mas seu grande amor seria Yoko Ono.

Yoko, sete anos mais velha, nasceu em Tóquio, numa família rica, e recebeu uma educação exemplar. Em 1953, quando inciava sua trajetória como artista plástica, mudou-se para os Estados Unidos, onde participou do movimento da Pop Art. Mas, sem obter o reconhecimento esperado, retornou ao Japão em 1962, onde, após uma depressão, conheceu o pintor Anthony Cox, com quem se casou e teve uma filha, Kyoko. No ano seguinte, voltou para Nova York, deixando Anthony e a filha no Japão.

Sempre questionadora, Yoko era uma artista de vanguarda. John a conheceu em novembro de 1966, quando foi à primeira exposição individual da artista em Londres. Ela estava expondo a obra *Ceiling Painting*, uma instalação composta por uma escada que conduzia o espectador até um vidro localizado no teto onde se podia ler a inscrição YES. John ficou fascinado com aquela mensagem positiva: "Ela podia ter escrito qualquer coisa: guerra, sexo, morte. Mas ela escreveu SIM, tudo que eu precisava naquele momento."

Eles não ficaram juntos na ocasião. John ainda era casado e só no final dos anos 1960 passou a viver com Yoko. Em 20 de março de 1969, casaram-se em Gibraltar. Seguiram para a lua-de-mel em Amsterdã, onde se apresentaram à imprensa por sete dias consecutivos deitados nus na cama de um quarto no hotel Hilton, pedindo ao mundo que promovesse a paz. Esse movimento ficou conhecido como "Bed in Peace". No segundo "Bed in", no Canadá, ficaram por dez dias protestando contra a Guerra do Vietnã. Em Toronto, Lennon fez um concerto com a banda formada com Yoko, The Plastic Ono Band, e a música "Give Peace a Chance" se tornou um hino da geração hippie.

Em 1970, os Beatles se separaram, fato que muitos fãs atribuíram à entrada de Yoko na vida de Lennon. Verdade ou não, o casal continuou a parceria amorosa e profissional, lançando vários discos e filmes juntos. Foram morar em Nova York, onde mais uma vez se engajaram na campanha contra a Guerra do Vietnã e em movimentos pacifistas.

Em 1973, John e Yoko se separaram. Nos meses seguintes, ele bebeu e se drogou compulsivamente. A reaproximação só se deu em outubro de 1975, quando nasceu Sean, seu filho com Yoko. John resolveu se voltar exclusivamente para a mulher e o filho, ficando cinco anos sem lançar discos, enquanto Yoko passou a tomar conta dos negócios da família. Em 1980 o casal retornou aos estúdios, gravando o bem-sucedido álbum *Double Fantasy*. Mas, no dia 8 de dezembro daquele ano, Lennon estava chegando ao edifício Dakota, onde morava em Nova York, quando ouviu alguém chamá-lo e foi atingido com quatro tiros por um fã. Faleceu antes de chegar ao hospital.

O casal só queria viver num mundo sem guerras, religiões, posses, ciúmes e tudo o que pudesse gerar conflitos entre os homens. Lennon era completamente apaixonado por Yoko. Ela era sua alma gêmea, com quem ele compartilhava sua vida, promovendo a unificação da arte, do erotismo e do amor. Talvez por isso o compositor de "Imagine", música que canta o sonho de um mundo melhor para todos, tenha mudado seu nome para John Ono Lennon, mais uma prova de seu amor incondicional por Yoko Ono.